ISBN : 9798780899259

SE LO TROVATE PER FAVORE RESTITUITELO A

Nome ______________________________

Indirizzo ______________________________

Email ______________________________

Livello di certificazione ________________________

Istruttore ________________________

Medico personale ________________________

Allergie ai farmaci ________________________

Problemi medici ________________________

Tipo di sangue ________________________

Persona da contattare in caso di

Nome ________________________

Relazione ________________________

Indirizzo ________________________

Numero di telefono ________________________

Data ____________ N° di immersione ________

Lugar ____________

Località di immersione ____________

Tempo di ingresso ________ Tempo di uscita ________

Club di immersione ____________

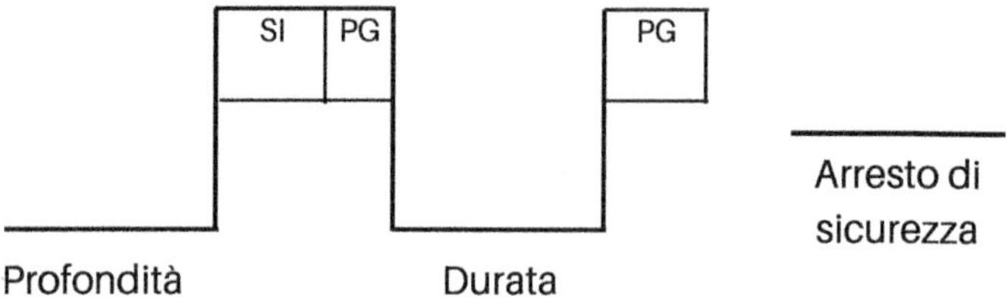

Pressione

Avviare ________ Fine ________

Pesi utilizzati ____________

Tipo di protezione ____________

Ambiente marino

( )Mare ( )Oceano ( )Fiume ( ) Lago ( ) Altro ________

Altitudine ________

Corrente ( ) No ( )Basso ( )Medio ( ) Forte

Temp. dell'aria ________ Temp. dell'acqua ________

Visibilità ________

Tipo di immersione

( )Notte ( ) Naufragio ( ) Drop-off oceanico ( ) Altro ________

Data ____________________ N° di immersione ___________

Vita marina :

Note :

Timbro del club di immersione

Verificato da :

( ) Amico ( ) Maestro d'immersione ( ) Istruttore

Data ________________ N° di immersione ________

Lugar ________________

Località di immersione ____________________________

Tempo di ingresso ________ Tempo di uscita ________

Club di immersione ____________________________

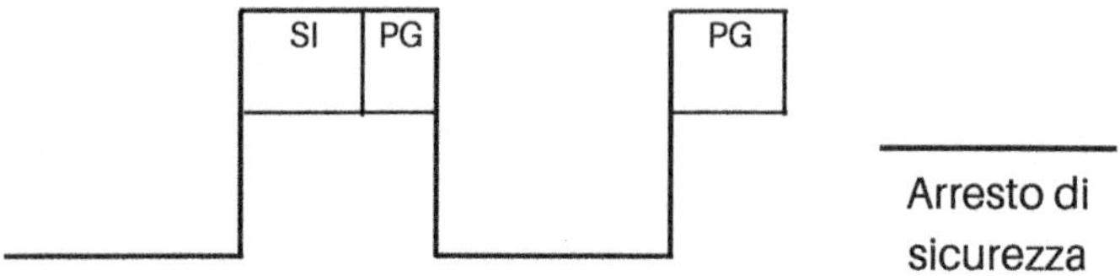

Arresto di sicurezza

Profondità

Durata

Pressione

Avviare ________ Fine ________

Pesi utilizzati ____________________________

Tipo di protezione ____________________________

Ambiente marino

( ) Mare ( ) Oceano ( ) Fiume ( ) Lago ( ) Altro ______

Altitudine ________

Corrente ( ) No ( ) Basso ( ) Medio ( ) Forte

Temp. dell'aria ________ Temp. dell'acqua ______

Visibilità ________

Tipo di immersione

( ) Notte ( ) Naufragio ( ) Drop-off oceanico ( ) Altro ______

Data ______________________ N° di immersione ____________

Vita marina :

Note :

Timbro del club di immersione

Verificato da :

( ) Amico ( ) Maestro d'immersione ( ) Istruttore

Data ____________ N° di immersione ________

Lugar ____________

Località di immersione ____________

Tempo di ingresso ________ Tempo di uscita ________

Club di immersione ____________

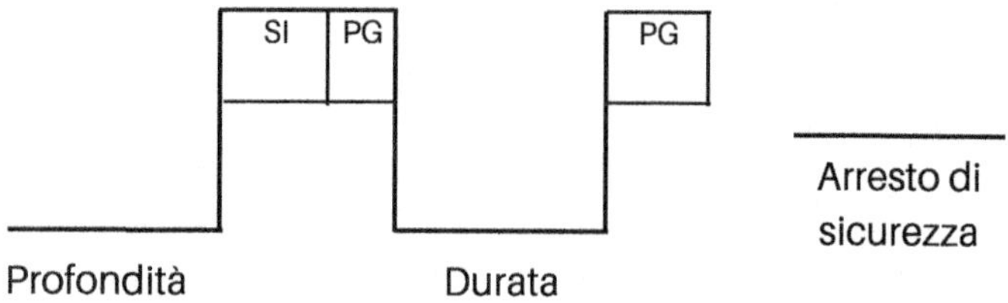

Pressione

Avviare ________ Fine ________

Pesi utilizzati ____________

Tipo di protezione ____________

Ambiente marino

( ) Mare ( ) Oceano ( ) Fiume ( ) Lago ( ) Altro ________

Altitudine ________

Corrente ( ) No ( ) Basso ( ) Medio ( ) Forte

Temp. dell'aria ________ Temp. dell'acqua ________

Visibilità ________

Tipo di immersione

( ) Notte ( ) Naufragio ( ) Drop-off oceanico ( ) Altro ________

Data ______________________ N° di immersione ____________

Vita marina :

Note :

Timbro del club di immersione

Verificato da :

( ) Amico ( ) Maestro d'immersione ( ) Istruttore

Data ______________ N° di immersione ________

Lugar ______________

Località di immersione ______________________

Tempo di ingresso ________ Tempo di uscita ________

Club di immersione ______________________

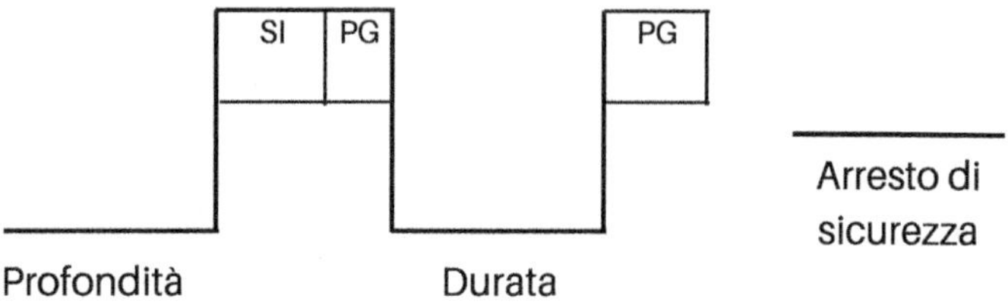

Pressione

Avviare ________ Fine ________

Pesi utilizzati ______________________

Tipo di protezione ______________________

Ambiente marino

( ) Mare ( ) Oceano ( ) Fiume ( ) Lago ( ) Altro ________

Altitudine ________

Corrente ( ) No ( ) Basso ( ) Medio ( ) Forte

Temp. dell'aria ________ Temp. dell'acqua ________

Visibilità ________

Tipo di immersione

( ) Notte ( ) Naufragio ( ) Drop-off oceanico ( ) Altro ________

Data ______________________ N° di immersione ____________

Vita marina :

____
____
____
____
____
____
____
____
____
____
____

Note :

____
____
____
____
____
____

Timbro del club di immersione

Verificato da :

( ) Amico ( ) Maestro d'immersione ( ) Istruttore

Data ____ N° di immersione ____

Lugar ____

Località di immersione ____

Tempo di ingresso ____ Tempo di uscita ____

Club di immersione ____

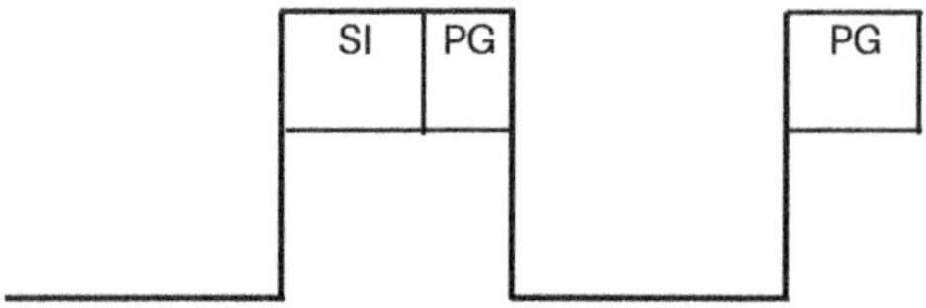

____
Arresto di sicurezza

Profondità Durata

Pressione

Avviare ____ Fine ____

Pesi utilizzati ____

Tipo di protezione ____

Ambiente marino

( ) Mare ( ) Oceano ( ) Fiume ( ) Lago ( ) Altro ____

Altitudine ____

Corrente ( ) No ( ) Basso ( ) Medio ( ) Forte

Temp. dell'aria ____ Temp. dell'acqua ____

Visibilità ____

Tipo di immersione

( ) Notte ( ) Naufragio ( ) Drop-off oceanico ( ) Altro ____

Data ____________________ N° di immersione __________

Vita marina :

Note :

Timbro del club di immersione

Verificato da :

( ) Amico ( ) Maestro d'immersione ( ) Istruttore

Data ____________________ N° di immersione __________

Lugar ____________________

Località di immersione ________________________________

Tempo di ingresso __________ Tempo di uscita __________

Club di immersione ________________________________

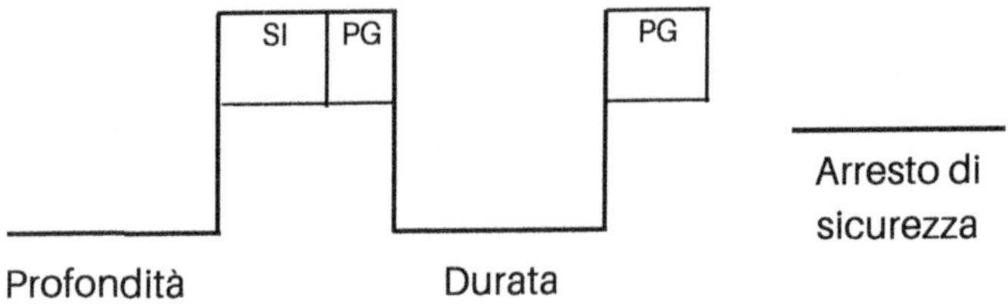

Pressione

Avviare __________ Fine __________

Pesi utilizzati ________________________________

Tipo di protezione ________________________________

Ambiente marino

( ) Mare ( ) Oceano ( ) Fiume ( ) Lago ( ) Altro ________

Altitudine __________

Corrente ( ) No ( ) Basso ( ) Medio ( ) Forte

Temp. dell'aria __________ Temp. dell'acqua ________

Visibilità __________

Tipo di immersione

( ) Notte ( ) Naufragio ( ) Drop-off oceanico ( ) Altro ________

Data ____________________ N° di immersione ____________

Vita marina :

Note :

Timbro del club di immersione

Verificato da :

( ) Amico ( ) Maestro d'immersione ( ) Istruttore

Data ______________________ N° di immersione __________

Lugar ______________________

Località di immersione ______________________________________

Tempo di ingresso __________ Tempo di uscita ___________

Club di immersione ______________________________________

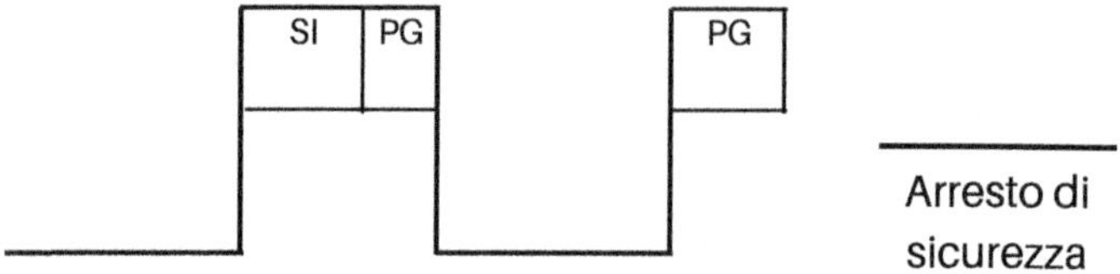

Arresto di sicurezza

Profondità

Durata

Pressione

Avviare ____________ Fine ____________

Pesi utilizzati ______________________________________

Tipo di protezione ______________________________________

Ambiente marino

( ) Mare ( ) Oceano ( ) Fiume ( ) Lago ( ) Altro ________

Altitudine ____________

Corrente ( ) No ( ) Basso ( ) Medio ( ) Forte

Temp. dell'aria ____________ Temp. dell'acqua ________

Visibilità ____________

Tipo di immersione

( ) Notte ( ) Naufragio ( ) Drop-off oceanico ( ) Altro ________

Data ____________________ N° di immersione ____________

Vita marina :

Note :

Timbro del club di immersione

Verificato da :

( ) Amico ( ) Maestro d'immersione ( ) Istruttore

Data ______________________ N° di immersione __________

Lugar ______________________

Località di immersione ______________________________________

Tempo di ingresso __________ Tempo di uscita ___________

Club di immersione ______________________________________

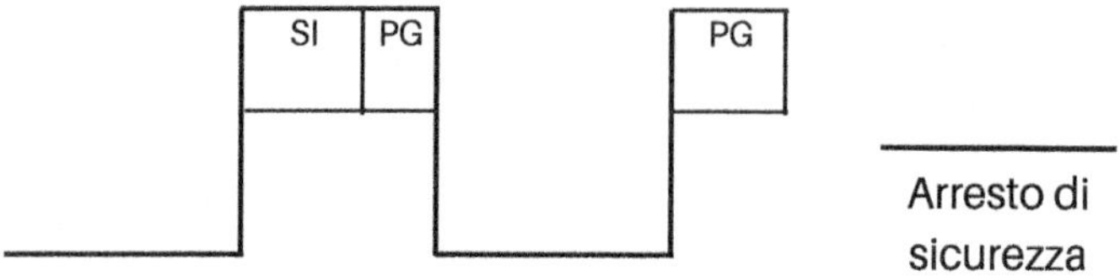

Arresto di sicurezza

Profondità

Durata

Pressione

Avviare ___________ Fine ___________

Pesi utilizzati ______________________________________

Tipo di protezione ______________________________________

Ambiente marino

( ) Mare ( ) Oceano ( ) Fiume ( ) Lago ( ) Altro ________

Altitudine ___________

Corrente ( ) No ( ) Basso ( ) Medio ( ) Forte

Temp. dell'aria ___________ Temp. dell'acqua ________

Visibilità ___________

Tipo di immersione

( ) Notte ( ) Naufragio ( ) Drop-off oceanico ( ) Altro ________

Data ______________________ N° di immersione ____________

Vita marina :

Note :

Timbro del club di immersione

Verificato da :

( ) Amico ( ) Maestro d'immersione ( ) Istruttore

Data ____________________ N° di immersione __________

Lugar ____________________

Località di immersione ____________________________________

Tempo di ingresso _________ Tempo di uscita __________

Club di immersione ____________________________________

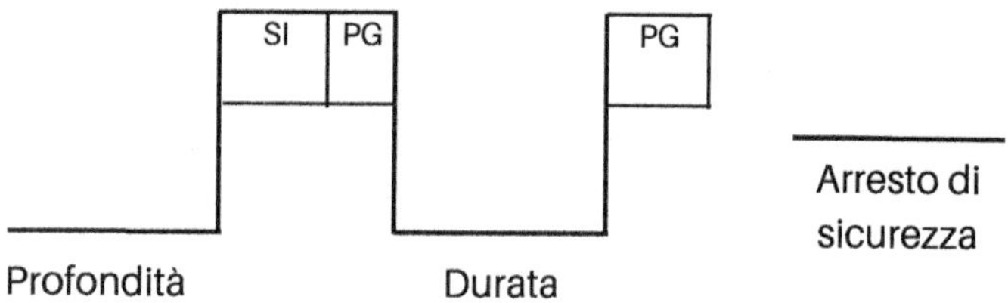

Pressione

Avviare __________ Fine __________

Pesi utilizzati ____________________________________

Tipo di protezione ____________________________________

Ambiente marino

( ) Mare ( ) Oceano ( ) Fiume ( ) Lago ( ) Altro ________

Altitudine __________

Corrente ( ) No ( ) Basso ( ) Medio ( ) Forte

Temp. dell'aria __________ Temp. dell'acqua ________

Visibilità __________

Tipo di immersione

( ) Notte ( ) Naufragio ( ) Drop-off oceanico ( ) Altro ________

Data ____________________ N° di immersione __________

Vita marina :

___

Note :

___

Timbro del club di immersione

Verificato da :

( ) Amico ( ) Maestro d'immersione ( ) Istruttore

Data ______________________ N° di immersione __________

Lugar ______________________

Località di immersione ______________________________________

Tempo di ingresso _________ Tempo di uscita ___________

Club di immersione ______________________________________

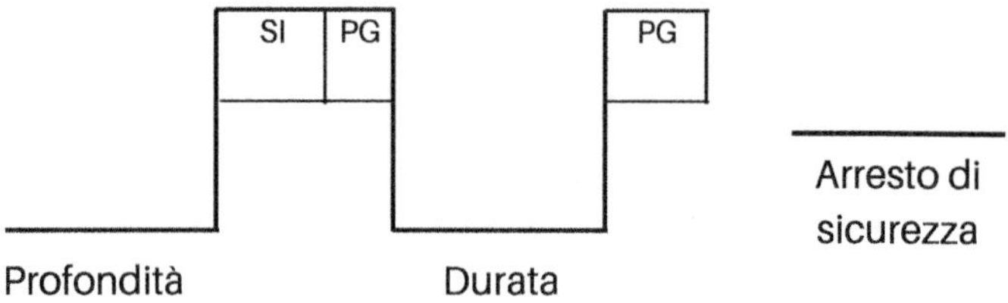

Pressione

Avviare ___________ Fine ___________

Pesi utilizzati ______________________________________

Tipo di protezione ______________________________________

Ambiente marino

( ) Mare ( ) Oceano ( ) Fiume ( ) Lago ( ) Altro ________

Altitudine ___________

Corrente ( ) No ( ) Basso ( ) Medio ( ) Forte

Temp. dell'aria ___________ Temp. dell'acqua ________

Visibilità ___________

Tipo di immersione

( ) Notte ( ) Naufragio ( ) Drop-off oceanico ( ) Altro ________

Data __________________ N° di immersione __________

Vita marina :

Note :

Timbro del club di immersione

Verificato da :

( ) Amico ( ) Maestro d'immersione ( ) Istruttore

Data ____________________ N° di immersione __________

Lugar ____________________

Località di immersione ____________________________________

Tempo di ingresso __________ Tempo di uscita __________

Club di immersione ____________________________________

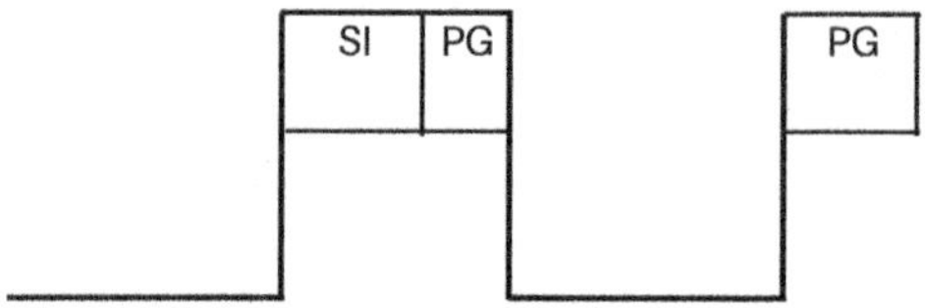

Arresto di sicurezza

Profondità

Durata

Pressione

Avviare __________ Fine __________

Pesi utilizzati ____________________________________

Tipo di protezione ____________________________________

Ambiente marino

( ) Mare ( ) Oceano ( ) Fiume ( ) Lago ( ) Altro __________

Altitudine __________

Corrente ( ) No ( ) Basso ( ) Medio ( ) Forte

Temp. dell'aria __________ Temp. dell'acqua __________

Visibilità __________

Tipo di immersione

( ) Notte ( ) Naufragio ( ) Drop-off oceanico ( ) Altro __________

Data ______________________ N° di immersione ____________

Vita marina :

Note :

Timbro del club di immersione

Verificato da :

( ) Amico ( ) Maestro d'immersione ( ) Istruttore

Data ____________________ N° di immersione __________

Lugar ____________________

Località di immersione ______________________________

Tempo di ingresso __________ Tempo di uscita __________

Club di immersione ______________________________

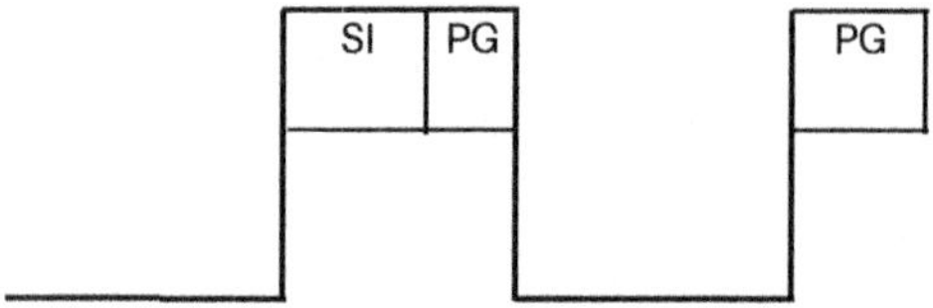

____
Arresto di sicurezza

Profondità Durata

Pressione

Avviare __________ Fine __________

Pesi utilizzati ______________________________

Tipo di protezione ______________________________

Ambiente marino

( ) Mare ( ) Oceano ( ) Fiume ( ) Lago ( ) Altro __________

Altitudine __________

Corrente ( ) No ( ) Basso ( ) Medio ( ) Forte

Temp. dell'aria __________ Temp. dell'acqua __________

Visibilità __________

Tipo di immersione

( ) Notte ( ) Naufragio ( ) Drop-off oceanico ( ) Altro __________

Data ____________________ N° di immersione ____________

Vita marina :

Note :

Timbro del club di immersione

Verificato da :

( ) Amico ( ) Maestro d'immersione ( ) Istruttore

Data ____________ N° di immersione ________

Lugar ____________

Località di immersione ____________

Tempo di ingresso ________ Tempo di uscita ________

Club di immersione ____________

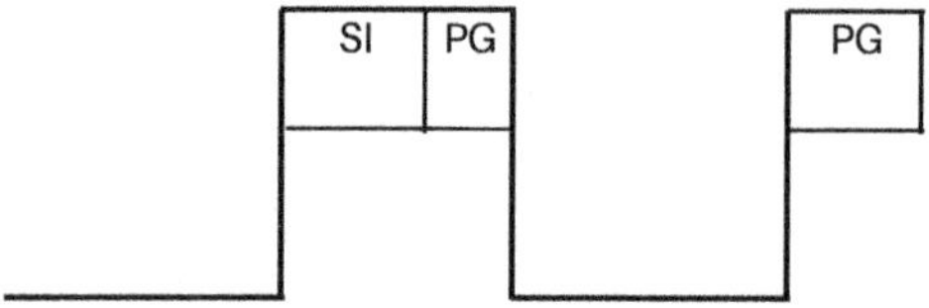

Arresto di sicurezza

Profondità

Durata

Pressione

Avviare ________ Fine ________

Pesi utilizzati ____________

Tipo di protezione ____________

Ambiente marino

( ) Mare ( ) Oceano ( ) Fiume ( ) Lago ( ) Altro ________

Altitudine ________

Corrente ( ) No ( ) Basso ( ) Medio ( ) Forte

Temp. dell'aria ________ Temp. dell'acqua ________

Visibilità ________

Tipo di immersione

( ) Notte ( ) Naufragio ( ) Drop-off oceanico ( ) Altro ________

Data ____________________ N° di immersione __________

Vita marina :

Note :

Timbro del club di immersione

Verificato da :

( ) Amico ( ) Maestro d'immersione ( ) Istruttore

Data ____________ N° di immersione ________

Lugar ____________

Località di immersione ____________________

Tempo di ingresso ________ Tempo di uscita ________

Club di immersione ____________________

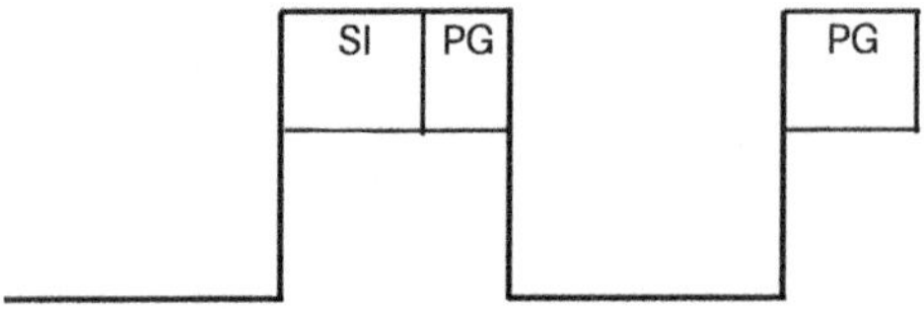

Arresto di sicurezza

Profondità

Durata

Pressione

Avviare ________ Fine ________

Pesi utilizzati ____________________

Tipo di protezione ____________________

Ambiente marino

( ) Mare ( ) Oceano ( ) Fiume ( ) Lago ( ) Altro ________

Altitudine ________

Corrente ( ) No ( ) Basso ( ) Medio ( ) Forte

Temp. dell'aria ________ Temp. dell'acqua ________

Visibilità ________

Tipo di immersione

( ) Notte ( ) Naufragio ( ) Drop-off oceanico ( ) Altro ________

Data ______________________ N° di immersione ____________

Vita marina :

Note :

Timbro del club di immersione

Verificato da :

( ) Amico ( ) Maestro d'immersione ( ) Istruttore

Data ____________________ N° di immersione _________

Lugar ____________________

Località di immersione ________________________________

Tempo di ingresso ________ Tempo di uscita _________

Club di immersione ________________________________

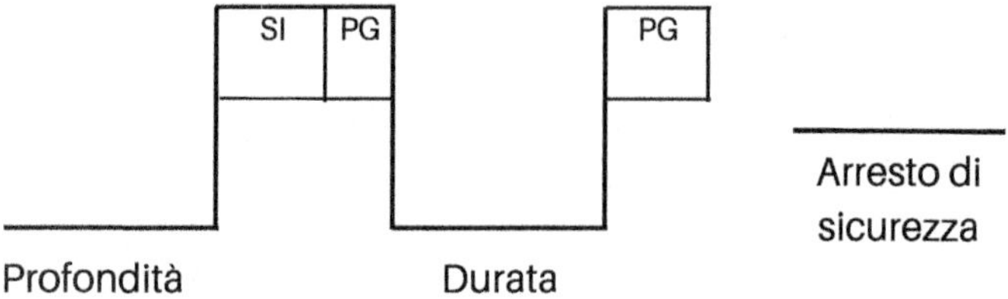

Pressione

Avviare __________ Fine __________

Pesi utilizzati ________________________________

Tipo di protezione ________________________________

Ambiente marino

( ) Mare ( ) Oceano ( ) Fiume ( ) Lago ( ) Altro ________

Altitudine __________

Corrente ( ) No ( ) Basso ( ) Medio ( ) Forte

Temp. dell'aria __________ Temp. dell'acqua ________

Visibilità __________

Tipo di immersione

( ) Notte ( ) Naufragio ( ) Drop-off oceanico ( ) Altro ________

Data ____________________ N° di immersione ___________

Vita marina :

Note :

Timbro del club di immersione

Verificato da :

( ) Amico ( ) Maestro d'immersione ( ) Istruttore

Data ____________ N° di immersione ________

Lugar ____________

Località di immersione ____________

Tempo di ingresso ________ Tempo di uscita ________

Club di immersione ____________

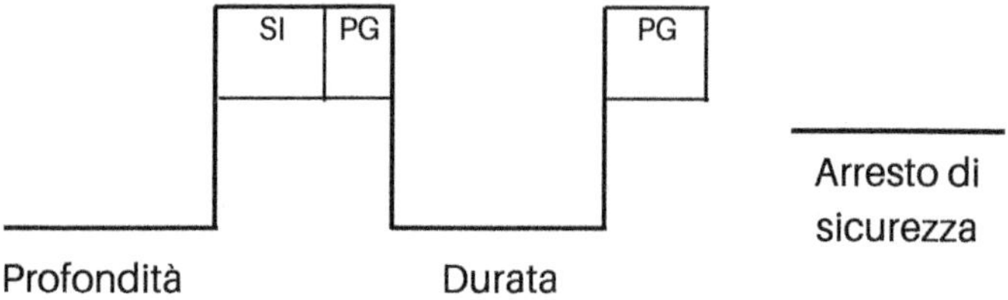

Pressione

Avviare ________ Fine ________

Pesi utilizzati ____________

Tipo di protezione ____________

Ambiente marino

( ) Mare ( ) Oceano ( ) Fiume ( ) Lago ( ) Altro ________

Altitudine ________

Corrente ( ) No ( ) Basso ( ) Medio ( ) Forte

Temp. dell'aria ________ Temp. dell'acqua ________

Visibilità ________

Tipo di immersione

( ) Notte ( ) Naufragio ( ) Drop-off oceanico ( ) Altro ________

Data ______________________ N° di immersione ____________

Vita marina :

Note :

Timbro del club di immersione

Verificato da :

( ) Amico ( ) Maestro d'immersione ( ) Istruttore

Data ______________________ N° di immersione __________

Lugar ______________________

Località di immersione ______________________________________

Tempo di ingresso __________ Tempo di uscita ___________

Club di immersione ______________________________________

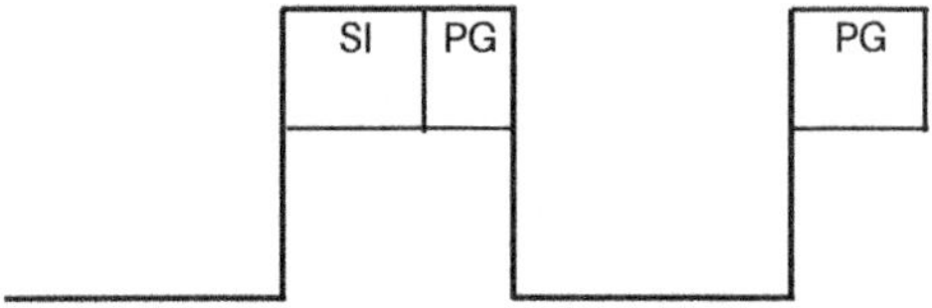

____
Arresto di sicurezza

Profondità Durata

Pressione

Avviare ___________ Fine ___________

Pesi utilizzati ______________________________________

Tipo di protezione ______________________________________

Ambiente marino

( ) Mare ( ) Oceano ( ) Fiume ( ) Lago ( ) Altro ________

Altitudine ___________

Corrente ( ) No ( ) Basso ( ) Medio ( ) Forte

Temp. dell'aria ___________ Temp. dell'acqua ________

Visibilità ___________

Tipo di immersione

( ) Notte ( ) Naufragio ( ) Drop-off oceanico ( ) Altro ________

Data ______________________ N° di immersione ____________

Vita marina :

Note :

Timbro del club di immersione

Verificato da :

( ) Amico ( ) Maestro d'immersione ( ) Istruttore

Data ____________ N° di immersione ________

Lugar ____________

Località di immersione ____________

Tempo di ingresso ________ Tempo di uscita ________

Club di immersione ____________

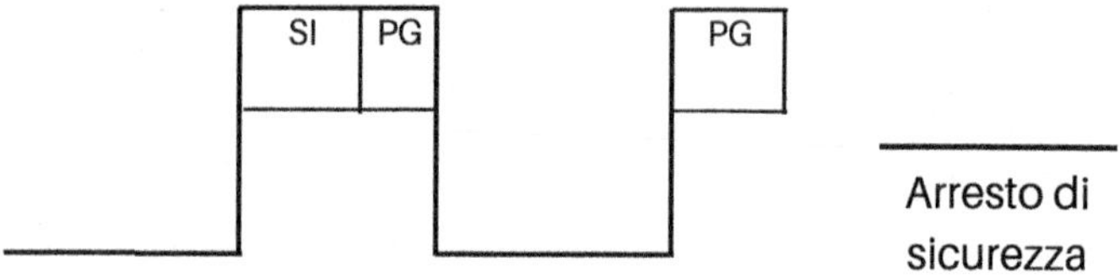

Profondità Durata

Pressione

Avviare ________ Fine ________

Pesi utilizzati ____________

Tipo di protezione ____________

Ambiente marino

( ) Mare ( ) Oceano ( ) Fiume ( ) Lago ( ) Altro ________

Altitudine ________

Corrente ( ) No ( ) Basso ( ) Medio ( ) Forte

Temp. dell'aria ________ Temp. dell'acqua ________

Visibilità ________

Tipo di immersione

( ) Notte ( ) Naufragio ( ) Drop-off oceanico ( ) Altro ________

Data ____________________ N° di immersione __________

Vita marina :

Note :

Timbro del club di immersione

Verificato da :

( ) Amico ( ) Maestro d'immersione ( ) Istruttore

Data ____________ N° di immersione ________

Lugar ____________

Località di immersione ____________________

Tempo di ingresso ________ Tempo di uscita ________

Club di immersione ____________________

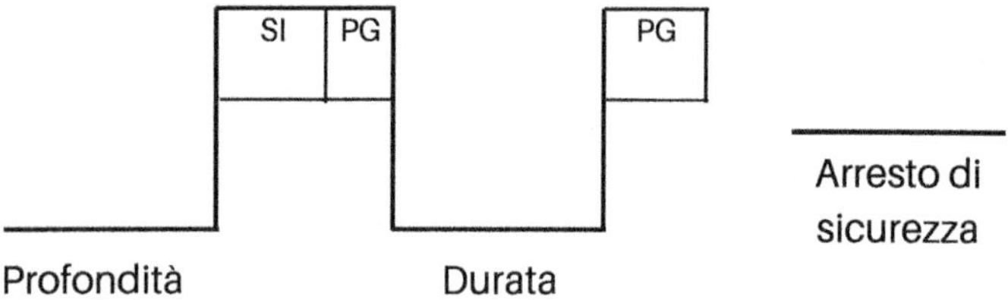

Pressione

Avviare ________ Fine ________

Pesi utilizzati ____________________

Tipo di protezione ____________________

Ambiente marino

( ) Mare ( ) Oceano ( ) Fiume ( ) Lago ( ) Altro ________

Altitudine ________

Corrente ( ) No ( ) Basso ( ) Medio ( ) Forte

Temp. dell'aria ________ Temp. dell'acqua ________

Visibilità ________

Tipo di immersione

( ) Notte ( ) Naufragio ( ) Drop-off oceanico ( ) Altro ________

Data ______________ N° di immersione ________

Vita marina :

Note :

Timbro del club di immersione

Verificato da :

( ) Amico ( ) Maestro d'immersione ( ) Istruttore

Data ______________ N° di immersione ______________

Lugar ______________

Località di immersione ______________

Tempo di ingresso ______________ Tempo di uscita ______________

Club di immersione ______________

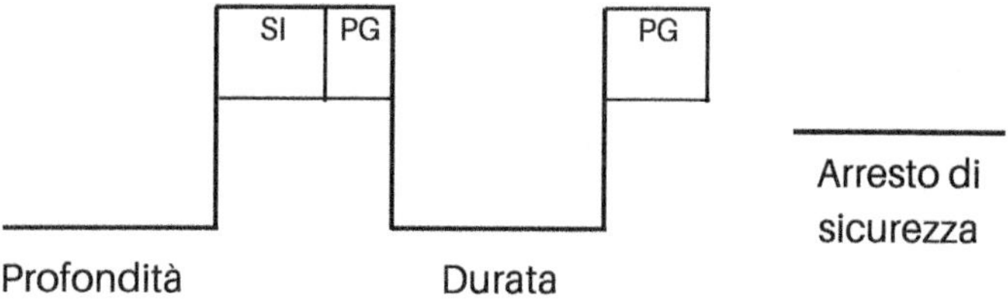

Pressione

Avviare ______________ Fine ______________

Pesi utilizzati ______________

Tipo di protezione ______________

Ambiente marino

( ) Mare ( ) Oceano ( ) Fiume ( ) Lago ( ) Altro ______________

Altitudine ______________

Corrente ( ) No ( ) Basso ( ) Medio ( ) Forte

Temp. dell'aria ______________ Temp. dell'acqua ______________

Visibilità ______________

Tipo di immersione

( ) Notte ( ) Naufragio ( ) Drop-off oceanico ( ) Altro ______________

Data ______________________ N° di immersione ____________

Vita marina :

Note :

Timbro del club di immersione

Verificato da :

( ) Amico ( ) Maestro d'immersione ( ) Istruttore

Data ____________________ N° di immersione __________

Lugar ____________________

Località di immersione ____________________________________

Tempo di ingresso __________ Tempo di uscita __________

Club di immersione ____________________________________

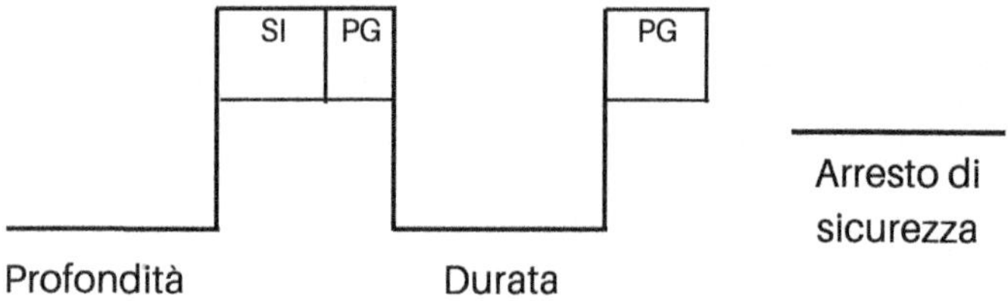

Pressione

Avviare __________ Fine __________

Pesi utilizzati ____________________________________

Tipo di protezione ____________________________________

Ambiente marino

( ) Mare ( ) Oceano ( ) Fiume ( ) Lago ( ) Altro ________

Altitudine __________

Corrente ( ) No ( ) Basso ( ) Medio ( ) Forte

Temp. dell'aria __________ Temp. dell'acqua __________

Visibilità __________

Tipo di immersione

( ) Notte ( ) Naufragio ( ) Drop-off oceanico ( ) Altro ________

Data ____________________ N° di immersione __________

Vita marina :

Note :

Timbro del club di immersione

Verificato da :

( ) Amico ( ) Maestro d'immersione ( ) Istruttore

Data ______________ N° di immersione ________

Lugar ______________

Località di immersione ______________________

Tempo di ingresso ________ Tempo di uscita ________

Club di immersione ______________________

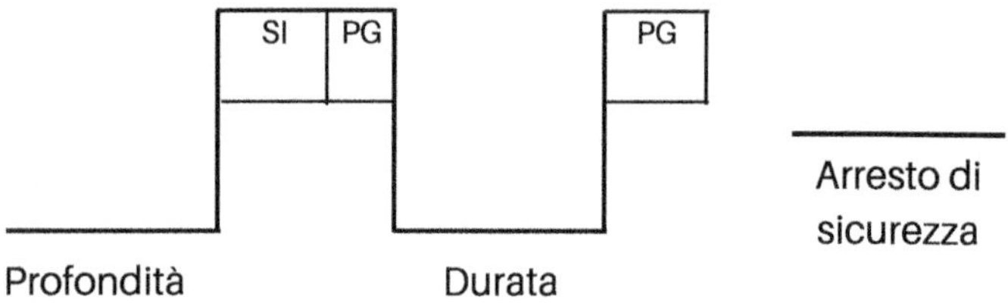

Pressione

Avviare ________ Fine ________

Pesi utilizzati ______________________

Tipo di protezione ______________________

Ambiente marino

( ) Mare ( ) Oceano ( ) Fiume ( ) Lago ( ) Altro ________

Altitudine ________

Corrente ( ) No ( ) Basso ( ) Medio ( ) Forte

Temp. dell'aria ________ Temp. dell'acqua ________

Visibilità ________

Tipo di immersione

( ) Notte ( ) Naufragio ( ) Drop-off oceanico ( ) Altro ________

Data ______________________ N° di immersione ____________

Vita marina :

Note :

Timbro del club di immersione

Verificato da :

( ) Amico ( ) Maestro d'immersione ( ) Istruttore

Data ____________________ N° di immersione __________

Lugar ____________________

Località di immersione ____________________________________

Tempo di ingresso __________ Tempo di uscita __________

Club di immersione ____________________________________

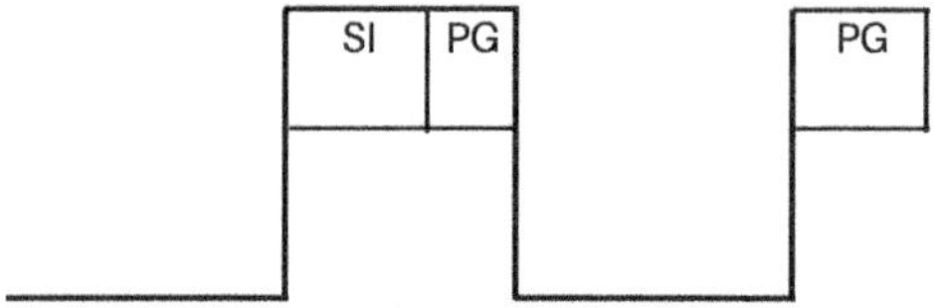

____

Arresto di sicurezza

Profondità

Durata

Pressione

Avviare __________ Fine __________

Pesi utilizzati ____________________________________

Tipo di protezione ____________________________________

Ambiente marino

( ) Mare ( ) Oceano ( ) Fiume ( ) Lago ( ) Altro __________

Altitudine __________

Corrente ( ) No ( ) Basso ( ) Medio ( ) Forte

Temp. dell'aria __________ Temp. dell'acqua __________

Visibilità __________

Tipo di immersione

( ) Notte ( ) Naufragio ( ) Drop-off oceanico ( ) Altro __________

Data ______________________ N° di immersione ____________

Vita marina :

____
____
____
____
____
____
____
____
____
____
____

Note :

____
____
____
____
____
____

Timbro del club di immersione

Verificato da :

( ) Amico ( ) Maestro d'immersione ( ) Istruttore

Data ____________ N° di immersione ________

Lugar ____________

Località di immersione ____________

Tempo di ingresso ________ Tempo di uscita ________

Club di immersione ____________

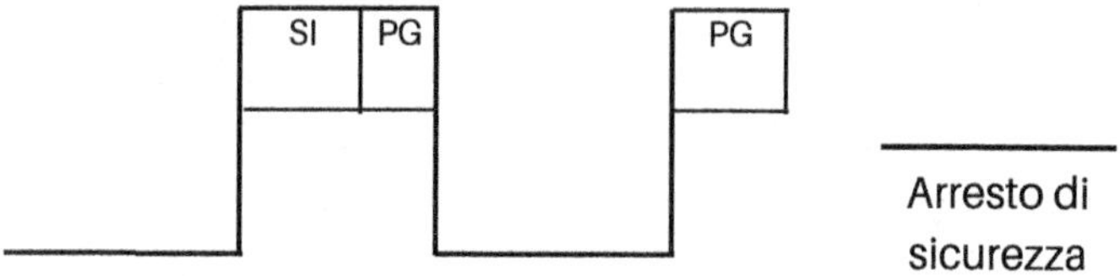

Arresto di sicurezza

Profondità Durata

Pressione

Avviare ________ Fine ________

Pesi utilizzati ____________

Tipo di protezione ____________

Ambiente marino

( ) Mare ( ) Oceano ( ) Fiume ( ) Lago ( ) Altro ________

Altitudine ________

Corrente ( ) No ( ) Basso ( ) Medio ( ) Forte

Temp. dell'aria ________ Temp. dell'acqua ________

Visibilità ________

Tipo di immersione

( ) Notte ( ) Naufragio ( ) Drop-off oceanico ( ) Altro ________

Data ____________________ N° di immersione __________

Vita marina :

Note :

Timbro del club di immersione

Verificato da :

( ) Amico ( ) Maestro d'immersione ( ) Istruttore

Data ____________ N° di immersione ________

Lugar ____________

Località di immersione ____________________

Tempo di ingresso ________ Tempo di uscita ________

Club di immersione ____________________

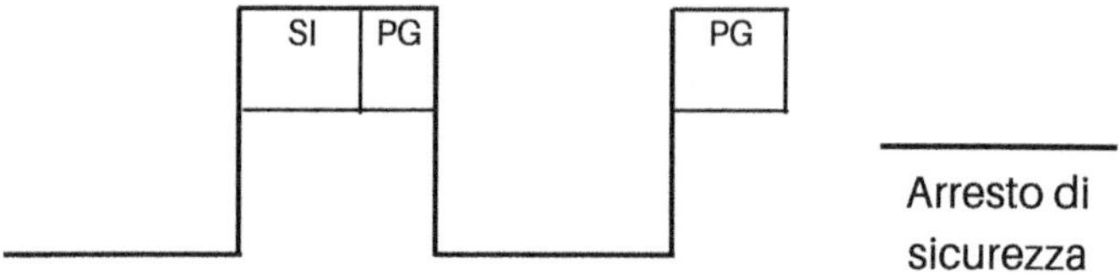

Arresto di sicurezza

Profondità

Durata

Pressione

Avviare ________ Fine ________

Pesi utilizzati ____________________

Tipo di protezione ____________________

Ambiente marino

( ) Mare ( ) Oceano ( ) Fiume ( ) Lago ( ) Altro ________

Altitudine ________

Corrente ( ) No ( ) Basso ( ) Medio ( ) Forte

Temp. dell'aria ________ Temp. dell'acqua ________

Visibilità ________

Tipo di immersione

( ) Notte ( ) Naufragio ( ) Drop-off oceanico ( ) Altro ________

Data ____________________ N° di immersione __________

Vita marina :

Note :

Timbro del club di immersione

Verificato da :

( ) Amico ( ) Maestro d'immersione ( ) Istruttore

Data ______________________ N° di immersione __________

Lugar ______________________

Località di immersione ______________________________________

Tempo di ingresso __________ Tempo di uscita __________

Club di immersione ______________________________________

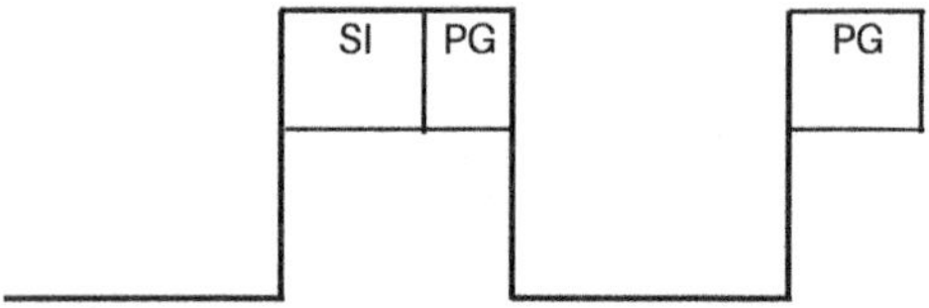

____
Arresto di sicurezza

Profondità Durata

Pressione

Avviare __________ Fine __________

Pesi utilizzati ______________________________________

Tipo di protezione ______________________________________

Ambiente marino

( ) Mare ( ) Oceano ( ) Fiume ( ) Lago ( ) Altro ________

Altitudine __________

Corrente ( ) No ( ) Basso ( ) Medio ( ) Forte

Temp. dell'aria __________ Temp. dell'acqua ________

Visibilità __________

Tipo di immersione

( ) Notte ( ) Naufragio ( ) Drop-off oceanico ( ) Altro ________

Data ______________________ N° di immersione ____________

Vita marina :

Note :

Timbro del club di immersione

Verificato da :

( ) Amico ( ) Maestro d'immersione ( ) Istruttore

Data ____________ N° di immersione ________

Lugar ____________

Località di immersione ____________

Tempo di ingresso ________ Tempo di uscita ________

Club di immersione ____________

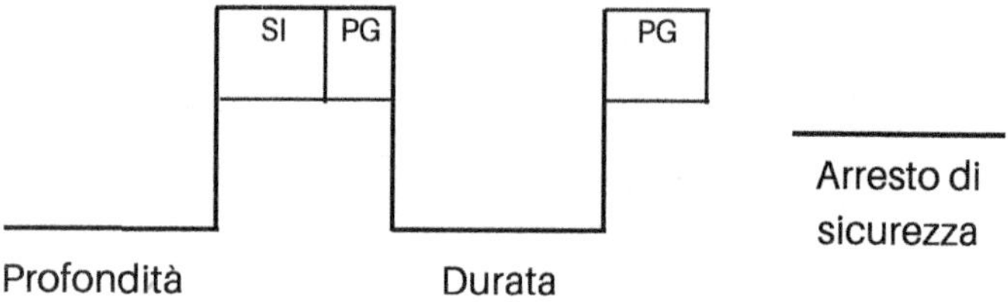

Pressione

Avviare ________ Fine ________

Pesi utilizzati ____________

Tipo di protezione ____________

Ambiente marino

( ) Mare ( ) Oceano ( ) Fiume ( ) Lago ( ) Altro ________

Altitudine ________

Corrente ( ) No ( ) Basso ( ) Medio ( ) Forte

Temp. dell'aria ________ Temp. dell'acqua ________

Visibilità ________

Tipo di immersione

( ) Notte ( ) Naufragio ( ) Drop-off oceanico ( ) Altro ________

Data ____________________ N° di immersione __________

Vita marina :

Note :

Timbro del club di immersione

Verificato da :

( ) Amico ( ) Maestro d'immersione ( ) Istruttore

Data ______________________ N° di immersione __________

Lugar ______________________

Località di immersione ______________________________________

Tempo di ingresso __________ Tempo di uscita ___________

Club di immersione ______________________________________

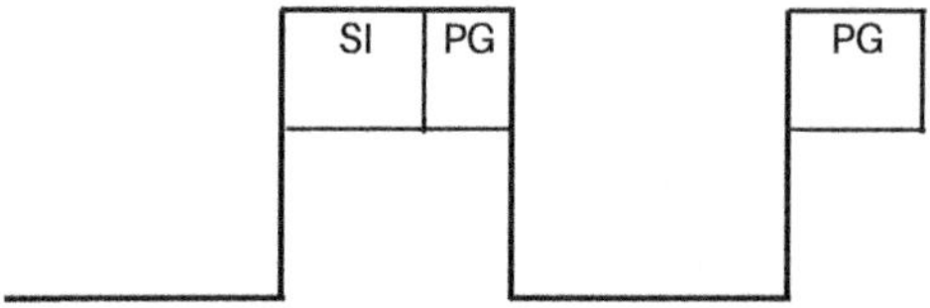

Arresto di sicurezza ___________

Profondità

Durata

Pressione

Avviare ___________ Fine ___________

Pesi utilizzati ______________________________________

Tipo di protezione ______________________________________

Ambiente marino

( ) Mare ( ) Oceano ( ) Fiume ( ) Lago ( ) Altro ________

Altitudine ___________

Corrente ( ) No ( ) Basso ( ) Medio ( ) Forte

Temp. dell'aria ___________ Temp. dell'acqua ________

Visibilità ___________

Tipo di immersione

( ) Notte ( ) Naufragio ( ) Drop-off oceanico ( ) Altro ________

Data ____________________ N° di immersione ___________

Vita marina :

Note :

Timbro del club di immersione

Verificato da :

( ) Amico ( ) Maestro d'immersione ( ) Istruttore

Data ____________________ N° di immersione __________

Lugar ____________________

Località di immersione ____________________________________

Tempo di ingresso __________ Tempo di uscita ___________

Club di immersione ____________________________________

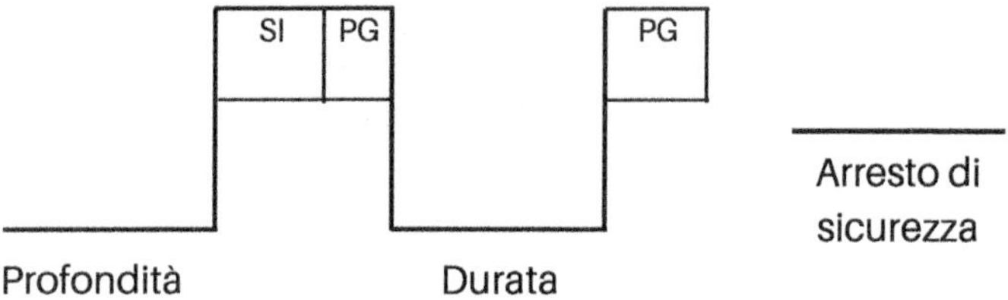

Pressione

Avviare ___________ Fine ___________

Pesi utilizzati ____________________________________

Tipo di protezione ____________________________________

Ambiente marino

( ) Mare ( ) Oceano ( ) Fiume ( ) Lago ( ) Altro ________

Altitudine ___________

Corrente ( ) No ( ) Basso ( ) Medio ( ) Forte

Temp. dell'aria ___________ Temp. dell'acqua ________

Visibilità ___________

Tipo di immersione

( ) Notte ( ) Naufragio ( ) Drop-off oceanico ( ) Altro ________

Data ______________ N° di immersione ________

Vita marina :

Note :

Timbro del club di immersione

Verificato da :

( ) Amico ( ) Maestro d'immersione ( ) Istruttore

Data ____________________ N° di immersione __________

Lugar ____________________

Località di immersione ________________________________

Tempo di ingresso __________ Tempo di uscita __________

Club di immersione ________________________________

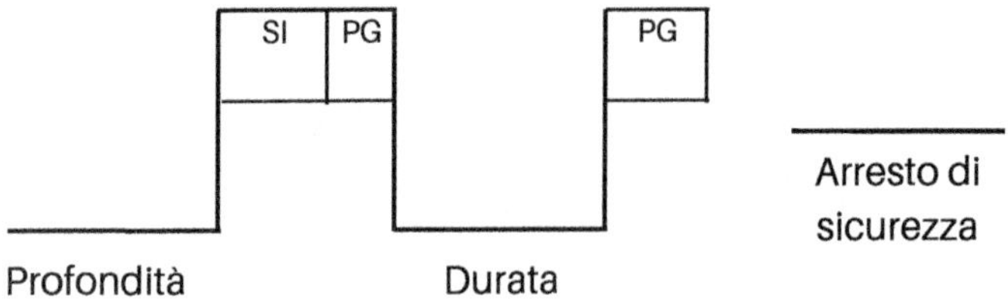

Pressione

Avviare __________ Fine __________

Pesi utilizzati ________________________________

Tipo di protezione ________________________________

Ambiente marino

( ) Mare ( ) Oceano ( ) Fiume ( ) Lago ( ) Altro __________

Altitudine __________

Corrente ( ) No ( ) Basso ( ) Medio ( ) Forte

Temp. dell'aria __________ Temp. dell'acqua __________

Visibilità __________

Tipo di immersione

( ) Notte ( ) Naufragio ( ) Drop-off oceanico ( ) Altro __________

Data ______________________ N° di immersione ____________

Vita marina :

Note :

Timbro del club di immersione

Verificato da :

( ) Amico ( ) Maestro d'immersione ( ) Istruttore

Data ______________ N° di immersione ________

Lugar ______________

Località di immersione ________________________

Tempo di ingresso ________ Tempo di uscita ________

Club di immersione ________________________

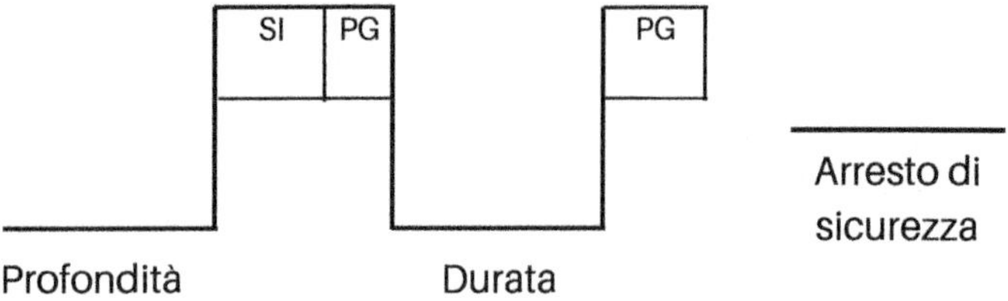

Pressione

Avviare __________ Fine __________

Pesi utilizzati ________________________

Tipo di protezione ________________________

Ambiente marino

( ) Mare ( ) Oceano ( ) Fiume ( ) Lago ( ) Altro ________

Altitudine __________

Corrente ( ) No ( ) Basso ( ) Medio ( ) Forte

Temp. dell'aria __________ Temp. dell'acqua ________

Visibilità __________

Tipo di immersione

( ) Notte ( ) Naufragio ( ) Drop-off oceanico ( ) Altro ________

Data ____________________ N° di immersione __________

Vita marina :

Note :

Timbro del club di immersione

Verificato da :

( ) Amico ( ) Maestro d'immersione ( ) Istruttore

Data ______________________ N° di immersione __________

Lugar ______________________

Località di immersione ______________________________________

Tempo di ingresso __________ Tempo di uscita ___________

Club di immersione ______________________________________

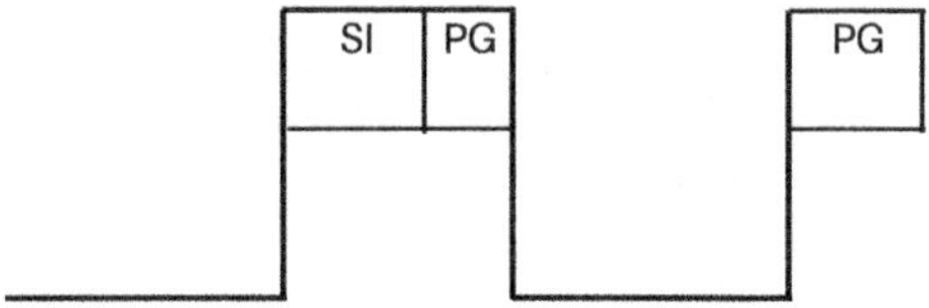

____
Arresto di sicurezza

Profondità Durata

Pressione

Avviare ___________ Fine ___________

Pesi utilizzati ______________________________________

Tipo di protezione ______________________________________

Ambiente marino

( ) Mare ( ) Oceano ( ) Fiume ( ) Lago ( ) Altro ________

Altitudine ___________

Corrente ( ) No ( ) Basso ( ) Medio ( ) Forte

Temp. dell'aria ___________ Temp. dell'acqua ________

Visibilità ___________

Tipo di immersione

( ) Notte ( ) Naufragio ( ) Drop-off oceanico ( ) Altro ________

Data ______________________ N° di immersione __________

Vita marina :

____
____
____
____
____
____
____
____
____
____
____

Note :

____
____
____
____
____
____

Timbro del club di immersione

Verificato da :

( ) Amico ( ) Maestro d'immersione ( ) Istruttore

Data ____________________ N° di immersione __________

Lugar ____________________

Località di immersione ______________________________

Tempo di ingresso ________ Tempo di uscita __________

Club di immersione ______________________________

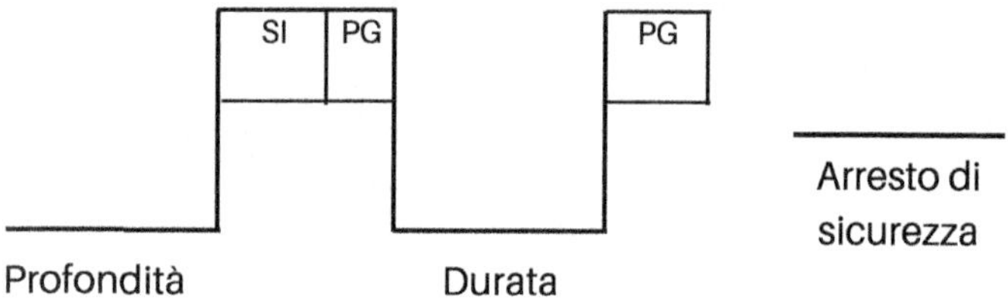

Pressione

Avviare __________ Fine __________

Pesi utilizzati ______________________________

Tipo di protezione ______________________________

Ambiente marino

( ) Mare ( ) Oceano ( ) Fiume ( ) Lago ( ) Altro ________

Altitudine __________

Corrente ( ) No ( ) Basso ( ) Medio ( ) Forte

Temp. dell'aria __________ Temp. dell'acqua ________

Visibilità __________

Tipo di immersione

( ) Notte ( ) Naufragio ( ) Drop-off oceanico ( ) Altro ________

Data ____________________ N° di immersione ___________

Vita marina :

___

___

___

___

___

___

___

___

___

___

___

Note :

___

___

___

___

___

___

Timbro del club di immersione

Verificato da :

( ) Amico ( ) Maestro d'immersione ( ) Istruttore

Data ____________________ N° di immersione __________

Lugar ____________________

Località di immersione ____________________________________

Tempo di ingresso __________ Tempo di uscita __________

Club di immersione ____________________________________

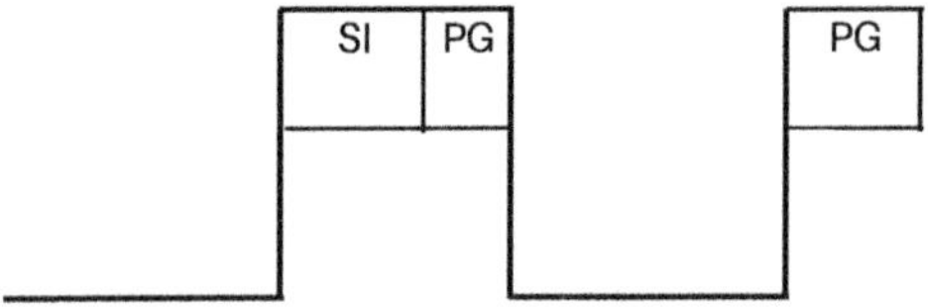

____
Arresto di sicurezza

Profondità

Durata

Pressione

Avviare __________ Fine __________

Pesi utilizzati ____________________________________

Tipo di protezione ____________________________________

Ambiente marino

( ) Mare ( ) Oceano ( ) Fiume ( ) Lago ( ) Altro ________

Altitudine __________

Corrente ( ) No ( ) Basso ( ) Medio ( ) Forte

Temp. dell'aria __________ Temp. dell'acqua ________

Visibilità __________

Tipo di immersione

( ) Notte ( ) Naufragio ( ) Drop-off oceanico ( ) Altro ________

Data ____________________ N° di immersione ___________

Vita marina :

____
____
____
____
____
____
____
____
____
____
____

Note :

____
____
____
____
____
____

Timbro del club di immersione

Verificato da :

( ) Amico ( ) Maestro d'immersione ( ) Istruttore

Data ______________ N° di immersione ________

Lugar ______________

Località di immersione ______________________________

Tempo di ingresso ________ Tempo di uscita ________

Club di immersione ______________________________

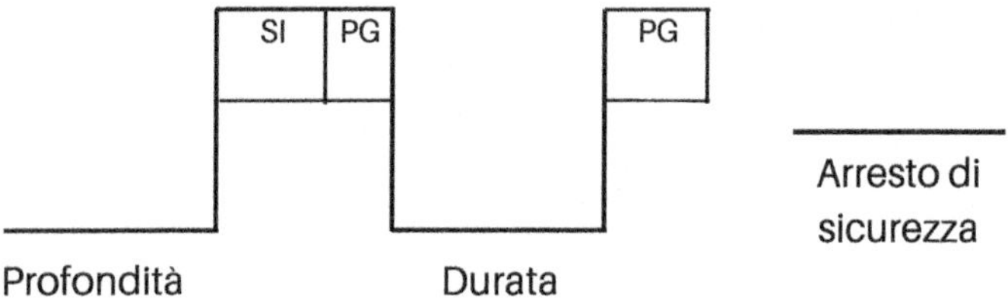

Pressione

Avviare ________ Fine ________

Pesi utilizzati ______________________________

Tipo di protezione ______________________________

Ambiente marino

( ) Mare ( ) Oceano ( ) Fiume ( ) Lago ( ) Altro ________

Altitudine ________

Corrente ( ) No ( ) Basso ( ) Medio ( ) Forte

Temp. dell'aria ________ Temp. dell'acqua ________

Visibilità ________

Tipo di immersione

( ) Notte ( ) Naufragio ( ) Drop-off oceanico ( ) Altro ________

Data ____________________ N° di immersione ____________

Vita marina :

Note :

Timbro del club di immersione

Verificato da :

( ) Amico ( ) Maestro d'immersione ( ) Istruttore

Data ____________ N° di immersione ________

Lugar ____________

Località di immersione ____________________

Tempo di ingresso ________ Tempo di uscita ________

Club di immersione ____________________

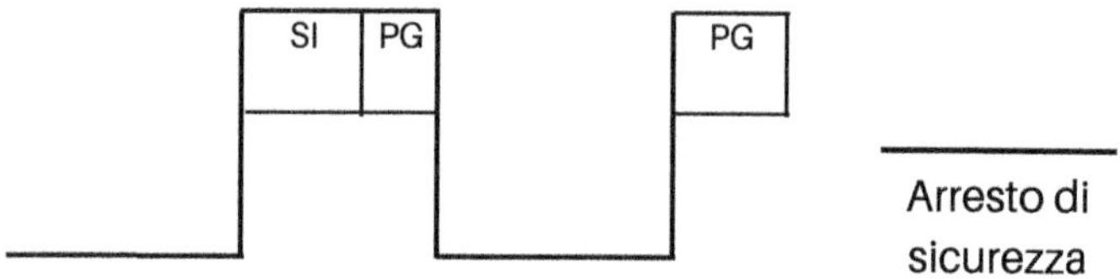

Profondità Durata Arresto di sicurezza

Pressione

Avviare ________ Fine ________

Pesi utilizzati ____________________

Tipo di protezione ____________________

Ambiente marino

( ) Mare ( ) Oceano ( ) Fiume ( ) Lago ( ) Altro ________

Altitudine ________

Corrente ( ) No ( ) Basso ( ) Medio ( ) Forte

Temp. dell'aria ________ Temp. dell'acqua ________

Visibilità ________

Tipo di immersione

( ) Notte ( ) Naufragio ( ) Drop-off oceanico ( ) Altro ________

Data ______________________ N° di immersione ____________

Vita marina :

____
____
____
____
____
____
____
____
____
____
____

Note :

____
____
____
____
____
____

Timbro del club di immersione

Verificato da :

( ) Amico ( ) Maestro d'immersione ( ) Istruttore

Data ______________ N° di immersione ________

Lugar ______________

Località di immersione ______________________

Tempo di ingresso ________ Tempo di uscita ________

Club di immersione ______________________

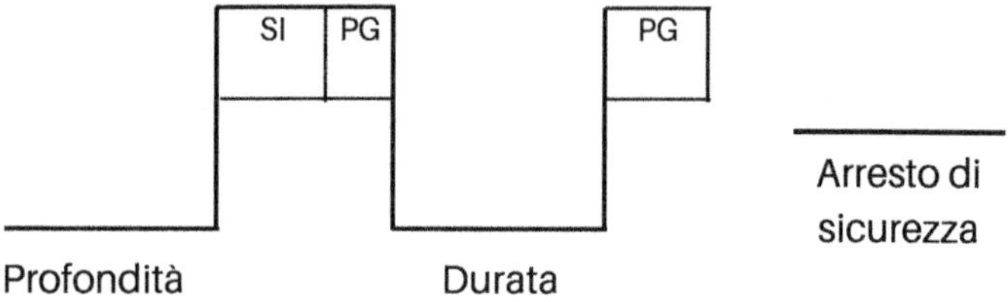

Pressione

Avviare ________ Fine ________

Pesi utilizzati ______________________

Tipo di protezione ______________________

Ambiente marino

( ) Mare ( ) Oceano ( ) Fiume ( ) Lago ( ) Altro ________

Altitudine ________

Corrente ( ) No ( ) Basso ( ) Medio ( ) Forte

Temp. dell'aria ________ Temp. dell'acqua ________

Visibilità ________

Tipo di immersione

( ) Notte ( ) Naufragio ( ) Drop-off oceanico ( ) Altro ________

Data ______________ N° di immersione __________

Vita marina :

Note :

Timbro del club di immersione

Verificato da :

( ) Amico ( ) Maestro d'immersione ( ) Istruttore

Data ____________________ N° di immersione __________

Lugar ____________________

Località di immersione ____________________________________

Tempo di ingresso __________ Tempo di uscita __________

Club di immersione ____________________________________

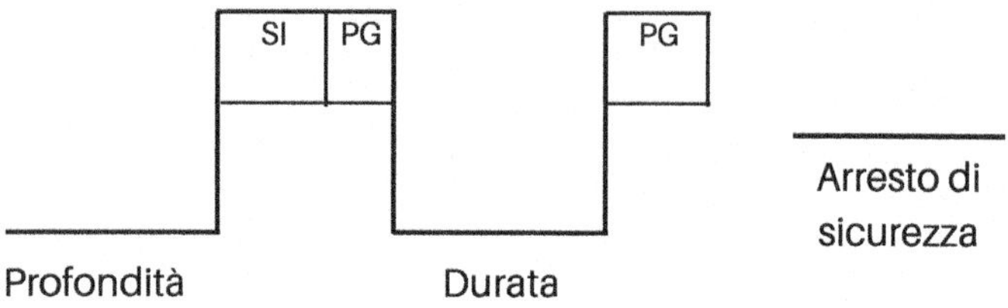

Pressione

Avviare __________ Fine __________

Pesi utilizzati ____________________________________

Tipo di protezione ____________________________________

Ambiente marino

( ) Mare ( ) Oceano ( ) Fiume ( ) Lago ( ) Altro ________

Altitudine __________

Corrente ( ) No ( ) Basso ( ) Medio ( ) Forte

Temp. dell'aria __________ Temp. dell'acqua ________

Visibilità __________

Tipo di immersione

( ) Notte ( ) Naufragio ( ) Drop-off oceanico ( ) Altro ________

Data ______________________ N° di immersione ____________

Vita marina :

Note :

Timbro del club di immersione

Verificato da :

( ) Amico ( ) Maestro d'immersione ( ) Istruttore

Data ____________________ N° di immersione __________

Lugar ____________________

Località di immersione ______________________________

Tempo di ingresso __________ Tempo di uscita __________

Club di immersione ______________________________

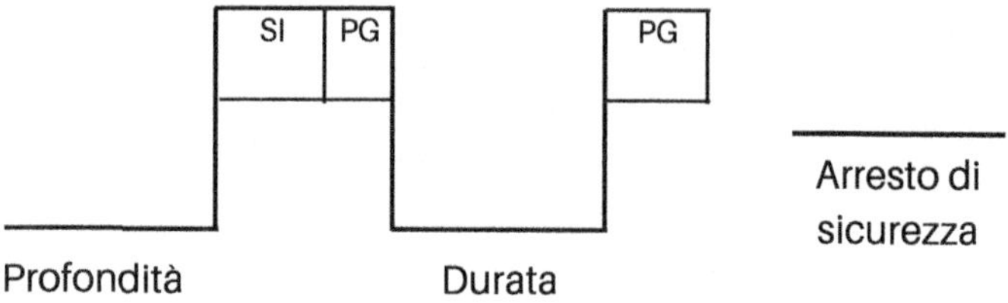

Pressione

Avviare __________ Fine __________

Pesi utilizzati ______________________________

Tipo di protezione ______________________________

Ambiente marino

( ) Mare ( ) Oceano ( ) Fiume ( ) Lago ( ) Altro __________

Altitudine __________

Corrente ( ) No ( ) Basso ( ) Medio ( ) Forte

Temp. dell'aria __________ Temp. dell'acqua __________

Visibilità __________

Tipo di immersione

( ) Notte ( ) Naufragio ( ) Drop-off oceanico ( ) Altro __________

Data ______________________ N° di immersione ____________

Vita marina :

Note :

Timbro del club di immersione

Verificato da :

( ) Amico ( ) Maestro d'immersione ( ) Istruttore

Data ____________ N° di immersione ________

Lugar ____________

Località di immersione ____________________

Tempo di ingresso ________ Tempo di uscita ________

Club di immersione ____________________

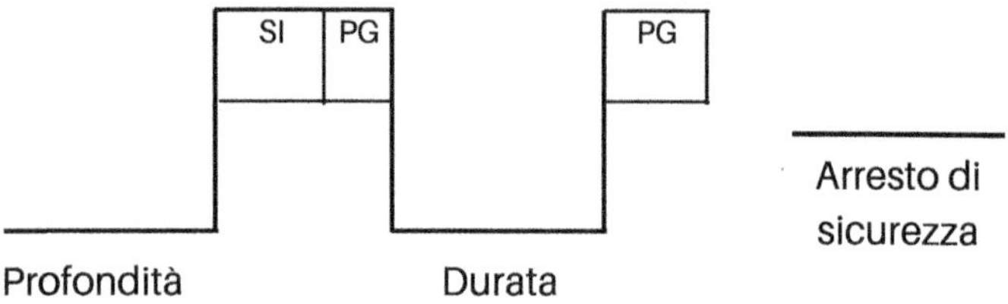

Pressione

Avviare ________ Fine ________

Pesi utilizzati ____________________

Tipo di protezione ____________________

Ambiente marino

( ) Mare ( ) Oceano ( ) Fiume ( ) Lago ( ) Altro ________

Altitudine ________

Corrente ( ) No ( ) Basso ( ) Medio ( ) Forte

Temp. dell'aria ________ Temp. dell'acqua ________

Visibilità ________

Tipo di immersione

( ) Notte ( ) Naufragio ( ) Drop-off oceanico ( ) Altro ________

Data ______________________ N° di immersione ____________

Vita marina :

Note :

Timbro del club di immersione

Verificato da :

( ) Amico ( ) Maestro d'immersione ( ) Istruttore

Data ____________________ N° di immersione __________

Lugar ____________________

Località di immersione ____________________________________

Tempo di ingresso __________ Tempo di uscita __________

Club di immersione ____________________________________

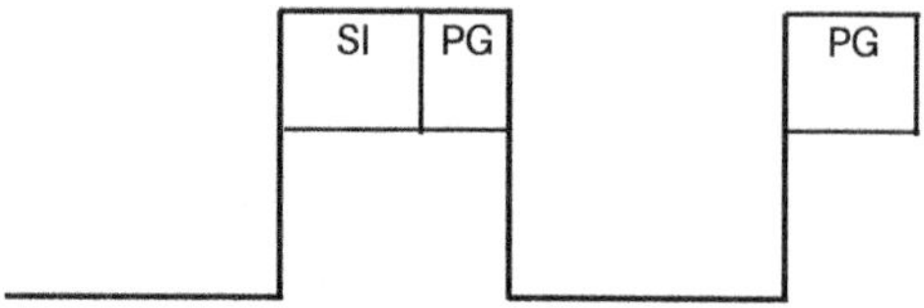

____

Arresto di sicurezza

Profondità

Durata

Pressione

Avviare __________ Fine __________

Pesi utilizzati ____________________________________

Tipo di protezione ____________________________________

Ambiente marino

( ) Mare ( ) Oceano ( ) Fiume ( ) Lago ( ) Altro __________

Altitudine __________

Corrente ( ) No ( ) Basso ( ) Medio ( ) Forte

Temp. dell'aria __________ Temp. dell'acqua __________

Visibilità __________

Tipo di immersione

( ) Notte ( ) Naufragio ( ) Drop-off oceanico ( ) Altro __________

Data ______________ N° di immersione ________

Vita marina :

Note :

Timbro del club di immersione

Verificato da :

( ) Amico ( ) Maestro d'immersione ( ) Istruttore

Data ____________________ N° di immersione __________

Lugar ____________________

Località di immersione ________________________________

Tempo di ingresso __________ Tempo di uscita __________

Club di immersione ________________________________

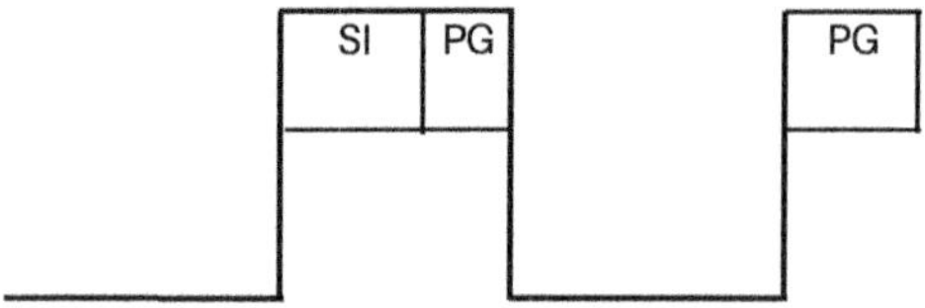

Arresto di sicurezza ____________

Profondità Durata

Pressione

Avviare __________ Fine __________

Pesi utilizzati ________________________________

Tipo di protezione ________________________________

Ambiente marino

( ) Mare ( ) Oceano ( ) Fiume ( ) Lago ( ) Altro ________

Altitudine __________

Corrente ( ) No ( ) Basso ( ) Medio ( ) Forte

Temp. dell'aria __________ Temp. dell'acqua __________

Visibilità __________

Tipo di immersione

( ) Notte ( ) Naufragio ( ) Drop-off oceanico ( ) Altro ________

Data ______________________ N° di immersione ____________

Vita marina :

Note :

Timbro del club di immersione

Verificato da :

( ) Amico ( ) Maestro d'immersione ( ) Istruttore

Data ______________ N° di immersione ________

Lugar ______________

Località di immersione ______________________

Tempo di ingresso ________ Tempo di uscita ________

Club di immersione ______________________

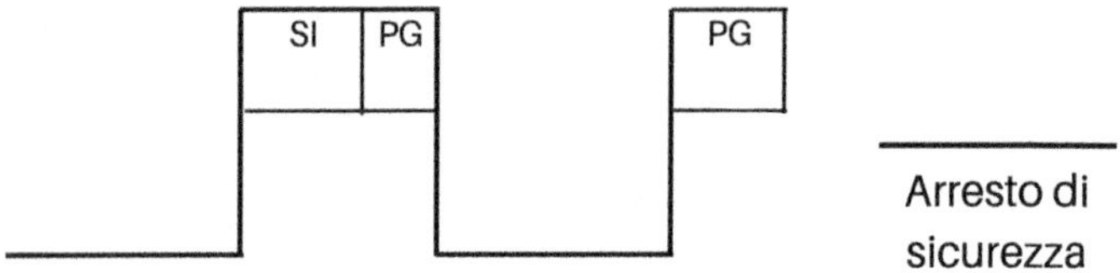

Arresto di sicurezza

Profondità Durata

Pressione

Avviare ________ Fine ________

Pesi utilizzati ______________________

Tipo di protezione ______________________

Ambiente marino

( ) Mare ( ) Oceano ( ) Fiume ( ) Lago ( ) Altro ________

Altitudine ________

Corrente ( ) No ( ) Basso ( ) Medio ( ) Forte

Temp. dell'aria ________ Temp. dell'acqua ________

Visibilità ________

Tipo di immersione

( ) Notte ( ) Naufragio ( ) Drop-off oceanico ( ) Altro ________

Data ____________________ N° di immersione ____________

Vita marina :

____
____
____
____
____
____
____
____
____
____
____

Note :

____
____
____
____
____
____

Timbro del club di immersione

Verificato da :

( ) Amico ( ) Maestro d'immersione ( ) Istruttore

Data ______________________ N° di immersione __________

Lugar ______________________

Località di immersione ______________________________________

Tempo di ingresso __________ Tempo di uscita ___________

Club di immersione ______________________________________

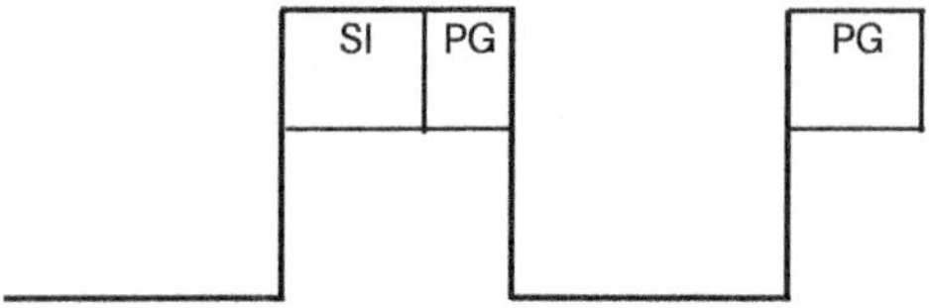

____

Arresto di sicurezza

Profondità Durata

Pressione

Avviare ___________ Fine ___________

Pesi utilizzati ______________________________________

Tipo di protezione ______________________________________

Ambiente marino

( ) Mare ( ) Oceano ( ) Fiume ( ) Lago ( ) Altro ________

Altitudine ___________

Corrente ( ) No ( ) Basso ( ) Medio ( ) Forte

Temp. dell'aria ___________ Temp. dell'acqua ________

Visibilità ___________

Tipo di immersione

( ) Notte ( ) Naufragio ( ) Drop-off oceanico ( ) Altro ________

Data ____________________ N° di immersione __________

Vita marina :

Note :

Timbro del club di immersione

Verificato da :

( ) Amico ( ) Maestro d'immersione ( ) Istruttore

Data ______________ N° di immersione ________

Lugar ______________

Località di immersione ______________________

Tempo di ingresso ________ Tempo di uscita ________

Club di immersione ______________________

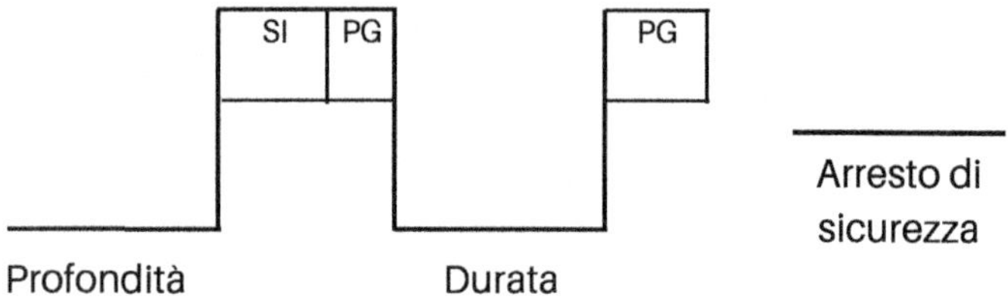

Pressione

Avviare ________ Fine ________

Pesi utilizzati ______________________

Tipo di protezione ______________________

Ambiente marino

( ) Mare ( ) Oceano ( ) Fiume ( ) Lago ( ) Altro ________

Altitudine ________

Corrente ( ) No ( ) Basso ( ) Medio ( ) Forte

Temp. dell'aria ________ Temp. dell'acqua ________

Visibilità ________

Tipo di immersione

( ) Notte ( ) Naufragio ( ) Drop-off oceanico ( ) Altro ________

Data ______________________ N° di immersione ____________

Vita marina :

Note :

Timbro del club di immersione

Verificato da :

( ) Amico ( ) Maestro d'immersione ( ) Istruttore

Data ______________________ N° di immersione __________

Lugar ______________________

Località di immersione ______________________________________

Tempo di ingresso __________ Tempo di uscita __________

Club di immersione ______________________________________

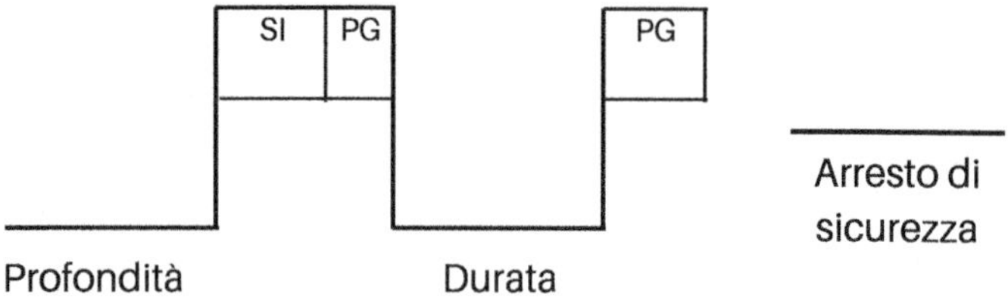

Pressione

Avviare __________ Fine __________

Pesi utilizzati ______________________________________

Tipo di protezione ______________________________________

Ambiente marino

( ) Mare ( ) Oceano ( ) Fiume ( ) Lago ( ) Altro ________

Altitudine __________

Corrente ( ) No ( ) Basso ( ) Medio ( ) Forte

Temp. dell'aria __________ Temp. dell'acqua ________

Visibilità __________

Tipo di immersione

( ) Notte ( ) Naufragio ( ) Drop-off oceanico ( ) Altro ________

Data ______________________ N° di immersione ____________

Vita marina :

Note :

Timbro del club di immersione

Verificato da :

( ) Amico ( ) Maestro d'immersione ( ) Istruttore

Data ____________________ N° di immersione __________

Lugar ____________________

Località di immersione ____________________________________

Tempo di ingresso __________ Tempo di uscita __________

Club di immersione ____________________________________

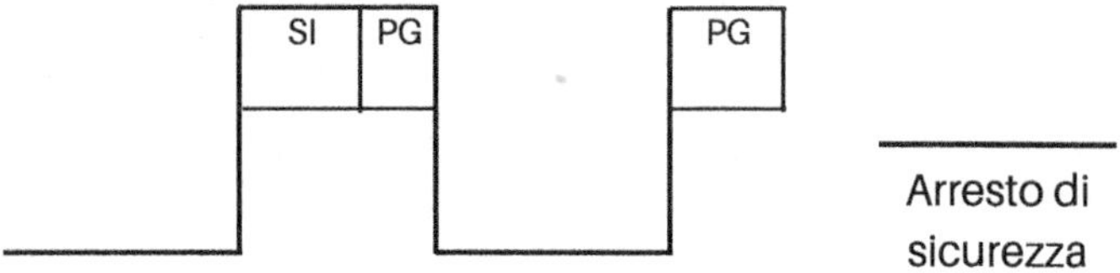

Arresto di sicurezza

Profondità Durata

Pressione

Avviare __________ Fine __________

Pesi utilizzati ____________________________________

Tipo di protezione ____________________________________

Ambiente marino

( ) Mare ( ) Oceano ( ) Fiume ( ) Lago ( ) Altro __________

Altitudine __________

Corrente ( ) No ( ) Basso ( ) Medio ( ) Forte

Temp. dell'aria __________ Temp. dell'acqua __________

Visibilità __________

Tipo di immersione

( ) Notte ( ) Naufragio ( ) Drop-off oceanico ( ) Altro __________

Data ______________________ N° di immersione ____________

Vita marina :

Note :

Timbro del club di immersione

Verificato da :

( ) Amico ( ) Maestro d'immersione ( ) Istruttore

Data ______________ N° di immersione ________

Lugar ______________

Località di immersione ______________________________

Tempo di ingresso ________ Tempo di uscita ________

Club di immersione ______________________________

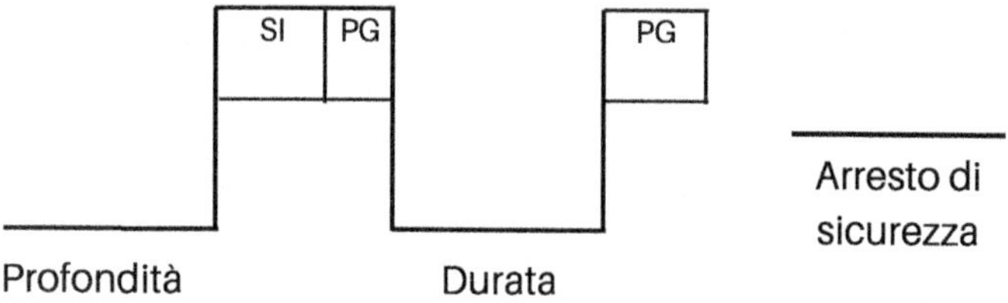

Pressione

Avviare ________ Fine ________

Pesi utilizzati ______________________________

Tipo di protezione ______________________________

Ambiente marino

( ) Mare ( ) Oceano ( ) Fiume ( ) Lago ( ) Altro ________

Altitudine ________

Corrente ( ) No ( ) Basso ( ) Medio ( ) Forte

Temp. dell'aria ________ Temp. dell'acqua ________

Visibilità ________

Tipo di immersione

( ) Notte ( ) Naufragio ( ) Drop-off oceanico ( ) Altro ________

Data ______________________ N° di immersione ____________

Vita marina :

____
____
____
____
____
____
____
____
____
____
____

Note :

____
____
____
____
____
____

Timbro del club di immersione

Verificato da :

( ) Amico ( ) Maestro d'immersione ( ) Istruttore

Data ______________ N° di immersione ________

Lugar ______________

Località di immersione ______________________________

Tempo di ingresso ________ Tempo di uscita ________

Club di immersione ______________________________

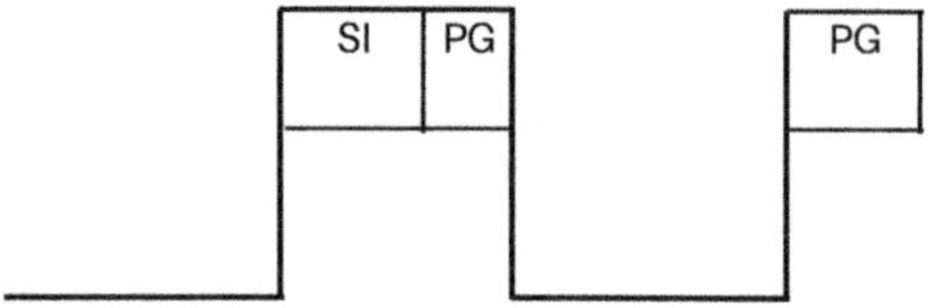

Arresto di sicurezza ________

Profondità

Durata

Pressione

Avviare ________ Fine ________

Pesi utilizzati ______________________________

Tipo di protezione ______________________________

Ambiente marino

( ) Mare ( ) Oceano ( ) Fiume ( ) Lago ( ) Altro ________

Altitudine ________

Corrente ( ) No ( ) Basso ( ) Medio ( ) Forte

Temp. dell'aria ________ Temp. dell'acqua ________

Visibilità ________

Tipo di immersione

( ) Notte ( ) Naufragio ( ) Drop-off oceanico ( ) Altro ________

Data ______________ N° di immersione ________

Vita marina :

Note :

Timbro del club di immersione

Verificato da :

( ) Amico ( ) Maestro d'immersione ( ) Istruttore

Data ____________ N° di immersione ________

Lugar ____________

Località di immersione ____________

Tempo di ingresso ________ Tempo di uscita ________

Club di immersione ____________

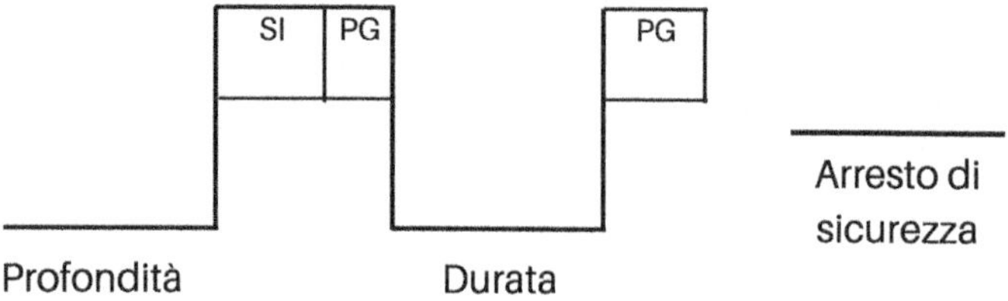

Pressione

Avviare ________ Fine ________

Pesi utilizzati ____________

Tipo di protezione ____________

Ambiente marino

( ) Mare ( ) Oceano ( ) Fiume ( ) Lago ( ) Altro ________

Altitudine ________

Corrente ( ) No ( ) Basso ( ) Medio ( ) Forte

Temp. dell'aria ________ Temp. dell'acqua ________

Visibilità ________

Tipo di immersione

( ) Notte ( ) Naufragio ( ) Drop-off oceanico ( ) Altro ________

Data ______________________ N° di immersione ____________

Vita marina :

Note :

Timbro del club di immersione

Verificato da :

( ) Amico ( ) Maestro d'immersione ( ) Istruttore